GERHARD KROMBUSCH LUDGER EDELKÖTTER

WEIL DU MICH SO MAGST

WEIL DU MICH SO MAGST

Religiöse Kinderlieder

Gebete

ausgewählt von **Gerhard Krombusch**
Ludger Edelkötter

IMPULSE-Musikverlag Ludger Edelkötter, Drensteinfurt

CIP-Kurztitelaufnahme der Deutschen Bibliothek
Krombusch, Gerhard/Edelkötter, Ludger
Weil du mich so magst
Religiöse Kinderlieder

Mit kirchlicher Druckerlaubnis
Paderborn, 13. 4. 1989
AZ 1/A 58-22-3/175
Horstkemper, Generalvikar i. V.

Titelgrafik Jürgen Groß, Köln
Illustrationen: Dagmar Domina, Michael Henke, Gerhard Nellessen,
Renate Stöckelmann
Technische Mitarbeit: Inge Renvert, Drensteinfurt
Druck: Druckhaus Klingenfuß GmbH

ISBN 3-926597-19-4
2. verbesserte Auflage 1989

Handbuch für den Lehrer: Weil du mich so magst
Religionsunterricht/Katechese im Spiegel religiöser Kinderlieder
280 Seiten, Lieder für Religionsunterricht/Katechese,
kommentiert von Gerhard Krombusch.

Tonträger (MC oder LP): Weil du mich so magst
IMP 1036 MC 1 © 89
MC 2 © 89
MC 3 in Vorbereitung
Alle Lieder sind auf Tonträgern (MC oder LP) erschienen;
siehe Quellenverzeichnis Tonträger S. 167.

Vorwort

Weil du mich so magst

ist ein Versuch, aus der Vielzahl der neueren religiösen Kinderlieder eine Auswahl für den Religionsunterricht, für die gemeindliche Kinderkatechese, für den Gottesdienst mit Kindern und nicht zuletzt für die Familie zusammenzustellen.
Die meisten Lieder dieser Sammlung hat der Liedermacher Ludger Edelkötter komponiert und mit Kindern, Lehrern und Erziehern erprobt.

Alle Lieder können auf ihre Weise dazu beitragen, daß die christliche Botschaft als „frohe Botschaft" in der Welt der Kinder heute zum Klingen kommt.

Die Lieder erzählen von einem Gott, der ganz auf der Seite der Menschen steht und am Gelingen ihres Lebens leidenschaftlich interessiert ist (vgl. Kapitel *»Ich und du und Gottes Güte«*).

Manche Lieder scheinen auf den ersten Blick keine religiösen Lieder zu sein. Wer diese Spiellieder aber tatsächlich einsetzt, merkt sehr bald, daß sie spürbar werden lassen, was die „Frohe Botschaft" meint: Jeder einzelne ist wichtig und unsagbar wertvoll, so wie er ist. Wer sich so angenommen weiß, hat auch die Kraft, auf andere zuzugehen und sie anzunehmen, so wie sie nun einmal sind.

Wer solche Erfahrungen weitergeben will, kann nicht in der Sprache der Computer sprechen. Manches braucht die Erklärung durch Bildwörter und Symbole: da hat jemand eine Erfahrung gemacht, die wie eine gute Hand war; da wächst etwas heran, das sich aus kleinen Anfängen wie ein Baum entwickelt, Schutz und Wohnung bietet... Diese Sprache der Bilder und Symbole ist ein wesentliches Merkmal der Hl. Schrift und der Sprache des Glaubens insgesamt (vgl. Kapitel *»Von Zeichen und Symbolen und der Sprache unseres Glaubens«*).

Wer den Glauben der Christen kennenlernen will, muß „die Ohren aufmachen". In den Geschichten des Alten und Neuen Testamentes wird die Geschichte Gottes mit den Menschen „hörbar" (vgl. Kapitel *»Hören – Erzählen – Bibellesen«*).

Unüberbietbar einmalig hat Gott in Jesus Christus gezeigt, was sein Wesen ist. Leben, Tod und Auferstehung Jesu Christi bestätigen: Gott ist ganz und gar Liebe (vgl. Kapitel *»Jesus Christus und unser Vater im Himmel«*).

Diese Botschaft vom Leben ist Grund genug, zusammen zu feiern und Gott zu loben (vgl. Kapitel *»Zusammen leben – zusammen feiern – Gott loben«*).

Wer sich so beschenkt weiß, wird versuchen, sein konkretes Leben so zu gestalten, daß Gottes Interesse an der Welt sichtbar und erfahrbar wird. Vielleicht müssen auch alte und bequeme Wege verlassen werden, um Gott in dieser Welt neu zu entdecken (vgl. Kapitel *»Leben wie Gott es will«*).

Im Laufe eines Jahres finden sich immer wieder Stationen und Haltepunkte, die an einen solchen Weg mit Christus erinnern (vgl. Kapitel *»Lieder im Kirchenjahr«*).

Die Tonart der Lieder haben wir so gewählt, daß sie in der Regel mit Blockflöte (C-Flöte) spielbar sind. Für die einfachen Begleitakkorde für Gitarre oder Klavier folgender Hinweis:

der Akkord B♭ ist mit dem Symbol B gekennzeichnet.

Wir wünschen Ihnen, Euch und uns, daß diese Lieder im Religionsunterricht, in der Gemeinde, in der Familie und auch im Gottesdienst helfen, mit Freude einen christlichen Weg durch unsere Zeit zu gehen.

Gerhard Krombusch und Ludger Edelkötter

Unser Tag vor Gott

Gebete für jeden Tag

Morgenlob

Von guten Mächten wunderbar geborgen,
erwarten wir getrost, was kommen mag.
Gott ist bei uns am Abend und am Morgen
und ganz gewiß an jedem neuen Tag.
*Dietrich Bonhoeffer**

Guter Herr Jesus!
Jeden Tag gibt es nur einmal.
Hilf uns heute, das Richtige zu tun.
Dir und den Menschen wollen wir Freude bereiten.

Mit deinen Händen, die segnen und geben,
schenkst du uns
Tag um Tag unser Leben.
Gib uns allen,
die heute in Not,
Deinen Segen
zu Leben und Brot.
*Johannes Bours***

In Gottes Namen stehn wir auf.
Herr, leite unsern Lebenslauf.
Begleite uns mit Deinem Segen.
Behüte uns auf allen Wegen. Amen.

---

* Christian Kaiser-Verlag, München
** „Tischgebete für Gemeinschaft und Familie", Verlag Butzon und Bercker, Kevelaer

Guter Gott!
Sonn, Mond gehn auf und unter
in deinem Gnadenreich,
und alle deine Wunder
sind sich an Größe gleich.

Zu dir, zu dir ruft Mensch und Tier,
der Vogel dir singt,
das Fischlein dir springt,
die Biene dir summt,
der Käfer dir brummt,
auch pfeifet dir das Mäuslein klein.
Herr Gott, du sollst gelobet sein.
*Clemens von Brentano**

Für den Tag

Jesus, wir danken dir,
daß du mit uns lebst.
Du bist immer bei uns.
Du weinst mit uns.
Du freust dich mit uns.
Du hungerst mit uns.
Du lernst mit uns.
Du segnest uns.
Jesus, wir bitten dich,
hilf allen Kindern,
den vielen, die Hunger haben,
den vielen, die krank sind,
den vielen, die behindert sind,
den vielen, die auf der Flucht sind,
den vielen, die arm sind
und den vielen, die reich sind. Amen.
Kindergebet aus Sambia

* Aus „Kein Tierlein ist auf Erden"

Ich bitte dich, Herr, um die große Kraft,
diesen kleinen Tag zu bestehen,
um auf dem großen Weg zu Dir,
einen kleinen Schritt weiterzukommen.
*Ernst Ginsberg**

Guter Gott!
Du hast die Welt geschaffen.
Du willst eine gute Welt.
Manchmal fällt es uns schwer, gut zu sein.
Gib uns den Mut, Frieden zu bringen, wenn andere streiten.
Gib uns die Kraft, anderen zu verzeihen.
Gib uns Phantasie, Deine Schöpfung zu pflegen.

In der Schule

Herr Jesus!
In der Schule kommen viele Kinder zusammen.
Manchmal gibt es auch Streit.
Hilf uns, daß unsere Klasse zu einer richtigen Gemeinschaft wird.
Steh uns bei, wenn wir uns bemühen, einander zu helfen.

Vater im Himmel,
die Schule beginnt.
Leg deine Hand auf jedes Kind,
daß wir alle mit Deinem Segen
gut und gerne lernen mögen. Amen.

Guter Gott!
Heute kann ... nicht in die Schule kommen.
Sie (er) ist krank und hat Schmerzen.
Gib ihr (ihm) die Kraft, bald wieder gesund zu werden.
Wir freuen uns, wenn ... wieder bei uns ist.

* Aus „Abschied, Erinnerungen, Theateraufsätze, Gedichte", © 1965 by Verlags-AG Die Arche, Zürich

Vor dem Essen

Alle gute Gaben,
alles, was wir haben,
kommt, o Gott, von Dir.
Wir danken Dir dafür.

Herr, segne diese Gaben.
Segne alle, die sie bereitet haben
und uns alle an diesem Tisch. Amen.

Herr Jesus!
Wir haben unser Essen.
Viele Menschen aber müssen auch heute noch hungern.
Hilf uns, mit denen zu teilen, die nicht genug zu essen haben.

Vgl. auch „Mit deinen Händen . . ." S. 4.

Nach dem Essen

Dir sei, o Gott,
für Speis und Trank,
für alles Gute
Lob und Dank.
Du gabst und willst auch künftig geben.
Dich preise unser ganzes Leben. Amen.

Guter Vater im Himmel!
Unsere Eltern sorgen sich den ganzen Tag um uns.
Sie geben uns Essen und Kleidung.
Fast immer haben sie Zeit für uns.
Schenke ihnen jeden Tag wieder Freude und Kraft.
Gib, daß sich alle in unserer Familie gut verstehen.

Für die Nacht

Du bist für uns, guter Gott,
gibst uns Atem und Leben,
hast die Sonne uns gemacht
und die Sterne in der Nacht.
Bleibe bei uns, guter Gott.
Jutta Richter

Gott, dieser Tag war lang und schön.
Jetzt, wo die Menschen schlafen gehn,
schick bitte auch für diese Nacht
den Schlaf, der alle kräftig macht.
Gott, gib uns Träume ohne Schrecken,
Träume, die uns nachts nicht wecken.
Alle, die wach und traurig sind,
den alten Mann, das kranke Kind,
Gott, laß sie bitte nicht allein.
Du kannst auch bei ihnen sein. Amen.
Regine Schindler

* Aus „Gott, ich kann mit dir reden", Verlag Ernst Kaufmann, Lahr und Verlag Patmos, Düsseldorf
Alle nicht gesondert gekennzeichneten Gebete wurden von *Gerhard Krombusch* z.T. aus der Erinnerung an bekannte Gebete neu formuliert.

Ich und Du
und
Gottes Güte

Weil du mich magst

Text: Jutta Richter
Musik: Ludger Edelkötter

2. Weil du mich magst, bin ich stärker
als der Löwe im Zoo.
Weil du mich magst, bin ich mutig,
und ich freue mich so.
Ich kriege Herzklopfen...

3. Weil du mich magst, ist es Sommer
und die Pfingstrosen blühn.
Weil du mich magst, wird es Winter,
und die Graugänse ziehn.
Ich kriege Herzklopfen...

4. Weil du mich magst, seh ich Sterne
   in der dunkelsten Nacht.
   Weil du mich magst, leb ich gerne,
   und ich geb auf mich acht.
   Ich kriege Herzklopfen...

5. Weil du mich magst, will ich singen
   mal ganz leise, mal laut.
   Weil du mich magst, bin ich glücklich,
   krieg 'ne Gänsehaut.
   Ich kriege Herzklopfen...

aus: IMP 1036 »Weil du mich so magst«

Dafür will ich Dir danke sagen (Kanon)

Text: Rolf Krenzer
Musik: Ludger Edelkötter

aus: IMP 1036 »Weil du mich so magst«

Du bist für uns

Text: Jutta Richter
Musik: Ludger Edelkötter

2. Du bist für uns guter Gott,
   gibst uns Ohren und Augen,
   hast den Himmel uns geschenkt
   und die Spatzen und die Tauben.
   Bleibe bei uns guter Gott.

3. Du bist für uns guter Gott,
   gibst uns Wasser und Sonne,
   hast den Sommer uns geschenkt
   und den Frühling voller Wonne.
   Bleibe bei uns guter Gott.

4. Du bist für uns guter Gott,
   gibst uns Wolken und Regen,
   hast den Winter ausgedacht
   und den Schnee dazugegeben.
   Bleibe bei uns guter Gott.

5. Du bist für uns guter Gott,
   gibst uns Lachen und Tränen,
   hast ein Herz uns eingepflanzt
   voller Freude, voller Sehnen.
   Bleibe bei uns guter Gott.

6. Du bist für uns guter Gott,
laß uns alles richtig machen,
Du behütest Deine Welt,
unser Weinen, unser Lachen.
Bleibe bei uns guter Gott.

7. Du bist für uns guter Gott,
hast das Leben ausgedacht,
hast uns Deine Welt geliehen
und wir geben auf sie acht.
Bleibe bei uns guter Gott.

8. Du bist für uns guter Gott,
gibst uns Schafe und Ziegen,
hast den Schmetterling erfunden
und die kleinen Stubenfliegen.
Bleibe bei uns guter Gott.

9. Du bist für uns guter Gott,
gibst uns Lämmer und Löwen,
hast die Meere uns geschenkt,
und die Wellen und die Möwen.
Bleibe bei uns guter Gott.

10. Du bist für uns guter Gott,
gibst uns Schwestern und Brüder.
Hast die Stimme uns geschenkt
für die Wörter, für die Lieder.
Bleibe bei uns guter Gott.

11. Du bist für uns guter Gott,
gibst uns Blumen und Bäume,
schenkst uns Müdigkeit und Schlaf,
schickst uns viele bunte Träume.
Bleibe bei uns guter Gott.

aus: IMP 1036 »Weil du mich so magst«

Wie ein Vogel im Nest

Text: Wilhelm Willms
Musik: Ludger Edelkötter

2. Wie ein Fisch im Meer, leben wir in Dir,
im Meer, in Dir, in Dir im Meer.
Christe eleison, Christe eleison, Christe eleison.

3. Wie ein Kind zu Haus, wohnen wir bei Dir,
zu Haus, bei Dir, bei Dir zu Haus.
Kyrie eleison, Kyrie eleison, Kyrie eleison.

aus: IMP 1036 »Weil du mich so magst«

Ich schreibe meinen Namen

Text: Rolf Krenzer
Musik: Ludger Edelkötter

2. Jetzt schreibe deinen Namen
auch in die Hand von mir.
Ich lese deinen Namen
und weiß etwas von dir.
mhm...
und weiß etwas von dir.

3. Ich sage meinen Namen
dir leise in dein Ohr.
Und stelle mit dem Namen
mich dir ganz herzlich vor.
mhm...
mich dir ganz herzlich vor.

4. Jetzt sage deinen Namen
auch leise noch zu mir.
Und höre ich den Namen
weiß ich noch mehr von dir.
mhm...
weiß ich noch mehr von dir.

5. Wir kennen unsre Namen
und stehen Hand in Hand.
So knüpfen wir zusammen
von Mensch zu Mensch ein Band.
mhm...
von Mensch zu Mensch ein Band.

6. Wir kennen unsre Namen
und singen Hand in Hand.
So knüpfen wir zusammen
von Mensch zu Mensch ein Band.
mhm...
von Mensch zu Mensch ein Band.

7. Gott sind all unsre Namen
von Anfang an bekannt.
Er selbst hält uns zusammen,
wir sind in guter Hand.
mhm...
wir sind in guter Hand.

weitere Möglichkeiten zu Vers 6:
...und tanzen Hand in Hand...
...und springen Hand in Hand...
...und gehen Hand in Hand...

aus: IMP 1036 »Weil du mich so magst«

So ist Gott

Text: Werner Schaube
Musik: Ludger Edelkötter

2. Er weist nicht ab,
   er nimmt uns an,
   so ist Gott.
   Das glaube ich,
   Gott lebt, Gott lebt,
   er ist da für mich.

3. Er knechtet nicht,
   er macht uns frei,
   so ist Gott.
   Das glaube ich,
   Gott lebt, Gott lebt,
   er ist da für mich.

4. Er macht nicht Angst,
   er gibt uns Mut,
   so ist Gott.
   Das glaube ich,
   Gott lebt, Gott lebt,
   er ist da für mich.

Ich bin so gern' bei dir

Text: Rolf Krenzer
Musik: Ludger Edelkötter

2. Ich geb' dir meine Hand.
Ich geb' dir meine Hand.
Und wenn wir zwei
zusammen stehn,
dann sind wir gleich bekannt,
dann sind wir gleich bekannt.

3. Ich geb' dir meinen Arm.
Ich geb' dir meinen Arm.
Und wenn wir zwei
zusammen gehn,
dann wird es mir ganz warm,
dann wird es mir ganz warm.

4. Komm, leg' den Arm um mich!
Komm, leg' den Arm um mich!
Und wenn wir zwei
zusammen gehn,
weißt du, dann freu' ich mich,
weißt du, dann freu' ich mich!

5. So tanze ich mit dir.
Und so tanzt du mit mir.
Und alle Leute,
die das sehn,
die machen's so wie wir,
die machen's so wie wir!

aus: IMP 1017 »Ich gebe Dir die Hände«

Gut, daß es dich gibt

Text: Rolf Krenzer
Musik: Ludger Edelkötter

2. Hier könnt ihr all den Stefan sehn.
   Singt Stefan nicht ganz wunderschön?
   Und wer ihn vorher noch nicht sah,
   der sagt: „Oho! Aha!"

3. Den Benjamin könnt ihr auch sehn.
   Malt Benjamin nicht wunderschön?
   Und wer ihn vorher noch nicht sah,
   der sagt: „Oho! Aha!"

4. Der Michael ist hier zu sehn.
   Pfeift Michael nicht wunderschön?
   Und wer ihn vorher noch nicht sah,
   der sagt: „Oho! Aha!"

5. Hier könnt ihr all den Markus sehn.
   Tanzt Markus nicht ganz wunderschön?
   Und wer ihn vorher noch nicht sah,
   der sagt: „Oho! Aha!"

Ich hab, was ich zum Leben brauch

Text: Wolfgang Schmölders/Ludger Edelkötter
Musik: Ludger Edelkötter

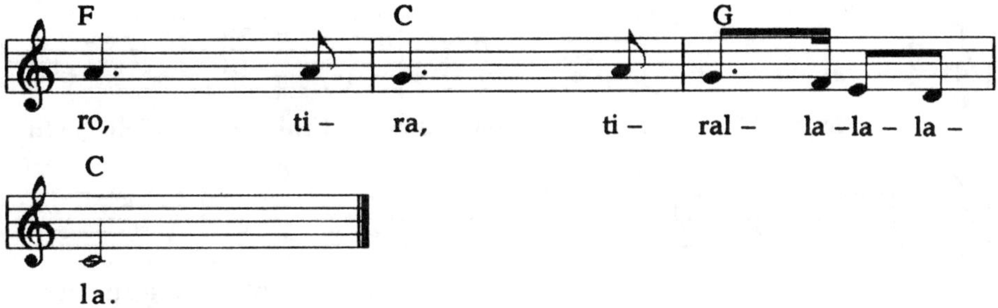

2. Ich hab, was ich zum Leben brauch'
trallalalala,
und einen Papa hab' ich auch,
mhm, ja, ja.
Was will ich mehr auf dieser Welt,
trallalalala,
als daß es ihm bei mir gefällt
mhm, jaja.

3. Ich hab, was ich zum Leben brauch'
trallalalala,
und eine Oma hab' ich auch,
mhm, ja, ja.
Was will ich mehr auf dieser Welt,
trallalalala,
als daß es ihr bei mir gefällt
mhm, jaja.

weitere Möglichkeiten:
...und einen Teddy hab ich auch...
...und eine Freundin hab ich auch...
...und einen Hamster hab ich auch...

aus: IMP 1017 »Ich gebe dir die Hände«

Du, ich geh einfach auf dich zu

Text: Rolf Krenzer
Musik: Ludger Edelkötter

2. Jetzt hab ich dich, und du hast mich.
Doch sind wir zwei noch zitterig.
Wir würden stark wie Bären,
wenn wir zu viert erst wären.
So tut ein jeder was er kann
und fängt für sich ganz mutig an:

Kehrvers: Hallo du, hallo du, ...

3. Jetzt hab ich dich, und du hast mich.
Doch sind wir vier noch zitterig.
Sind acht erst hier zu finden,
läßt ein Verein sich gründen.
So tut ein jeder was er kann
und fängt gleich mutig wieder an:

Kehrvers: Hallo du, hallo du, ...

4. Jetzt hab ich dich, und du hast mich.
Und keiner ist mehr zitterig.
Doch brauchen wir hier heute
noch viel mehr nette Leute.
So tut ein jeder was er kann
und fängt gleich wieder mutig an:

Kehrvers: Hallo du, hallo du, ...

5. Wir werden mehr und immer mehr,
und keinem fällt es jetzt mehr schwer,
denn keiner bleibt alleine.
Ihr wißt schon, was ich meine.
So wartet auch nicht länger dann
und fangt gleich alle wieder an:

Kehrvers: Hallo du, hallo du, ...

6. Wenn wir so miteinander gehn,
kann man uns nicht mehr übersehn.
Kein Wind kann uns verwehen,
wenn wir zusammenstehen.
Bist du allein, dann denke dran
und fange einfach mutig an:

Kehrvers: Hallo du, hallo du, ...

aus: IMP 1035 »Du, ich geh einfach auf dich zu«

Halte zu mir, guter Gott

Text: Rolf Krenzer
Musik: Ludger Edelkötter

2. Du bist jederzeit bei mir. Wo ich geh' und steh'
spür ich, wenn ich leise bin, Dich in meiner Näh'.
Halte zu mir, guter Gott, heut' den ganzen Tag.
Halt' die Hände über mich, was auch kommen mag.

3. **Gibt es Ärger oder Streit und noch mehr Verdruß,**
   weiß ich doch, Du bist nicht weit, wenn ich weinen muß.
   Halte zu mir, guter Gott, heut' den ganzen Tag.
   Halt' die Hände über mich, was auch kommen mag.

4. Meine Freude, meinen Dank, alles sag ich Dir.
   Du hältst zu mir guter Gott, spür ich tief in mir.
   Halte zu mir guter Gott, heut den ganzen Tag.
   Halt die Hände über mich, was auch kommen mag.

aus: IMP 1021 »Halte zu mir, guter Gott«

Du bist der ICH-BIN-DA (Kanon)

Text: Rolf Krenzer
Musik: Ludger Edelkötter

2. Du bist gestern und morgen,
nah und verborgen.
Du bist der ICH-BIN-DA.

3. Du bist laut und ganz leise,
Hunger und Speise.
Du bist der ICH-BIN-DA.

4. Du bist Arche und Steuer,
Wasser und Feuer.
Du bist der ICH-BIN-DA.

5. Du bist Sehnsucht und Friede,
Treue und Liebe.
Du bist der ICH-BIN-DA.

6. Laßt uns loben und preisen,
Ihm Ehre erweisen.
Hal-le-lu-ja.

7. Hallelu - halleluja
halle - halleluja
Hal-le-lu-ja.

aus: IMP 1036 »Weil du mich so magst«

domin

Daß uns Gott behüte

Text: Jutta Richter
Musik: Ludger Edelkötter

2. Wenn ich mir was wünschen dürfte, wünschte ich mir großen Mut,
daß ich niemals ängstlich wäre, leben könnte stark und gut.
Will nicht wüten, will nicht streiten, weil ich das nicht mag,
und daß uns Gott behüte,jetzt und jeden Tag.

3. Wenn ich mir was wünschen dürfte, wünschte ich der ganzen Welt
einen großen, bunten Frieden, der für immer alle hält,
und daß niemand Hunger hätte, alle wären satt,
und daß uns Gott behüte, jetzt und jeden Tag.

Kindermutmachlied

Text und Musik: Andreas Ebert

2. Wenn einer sagt: „Ich brauch dich du,
ich schaff es nicht allein.",
dann kribbelt es in meinem Bauch,
ich fühl mich nicht mehr klein.
Lalala...

3. Wenn einer sagt: „Komm geh mit mir,
zusammen sind wir was.",
dann werd ich rot, weil ich mich freu,
dann macht das Leben Spaß.
Lalala...

4. Gott sagt zu dir: „Ich hab dich lieb,
und wär so gern dein Freund.
Und das, was du allein nicht schaffst,
das schaffen wir vereint."
Lalala...

aus: »Feiert Gott in Eurer Mitte«
Hänssler Verlag, Neuhausen-Stuttgart

Du bist immer bei mir (Kanon)

Text: Jutta Richter
Melodie: Ludger Edelkötter

Von Zeichen und Symbolen und der Sprache unseres Glaubens

Gib uns Augen

Kehrvers

Text und Melodie: Wolfgang Longardt

Kehrvers: Gib uns Augen ...

2. Gott, du gibst das Licht in finstrer Nacht,
   hast aus Samen Frucht an's Licht gebracht...

Kehrvers: Gib uns Augen ...

3. Kannst die Lahmen wieder gehend machen,
   wandelst unser Weinen bald in Lachen.

Kehrvers: Gib uns Augen ...

4. Manches muß erst sterben und vergehn
   kann verwandelt endlich auferstehn.

Kehrvers: Gib uns Augen ...

5. Wenn kein Mensch an Licht und Freude denkt,
   Gott uns einen neuen Anfang schenkt.

aus: IMP 1036 »Weil du mich so magst«
erschienen im Impulse-Musikverlag, 4406 Drensteinfurt Rechte beim Autor

In einem Baum

Text und Melodie: Wolfgang Longardt

2. Kleine Spinnen, große Spinnen,
Käfer in der Rinde drinnen.
Schau es dir doch an,
freue dich daran.

3. Eichhörnchen und kleine Maus
haben hier ihr großes Haus.
Schau es dir doch an,
freue dich daran.

4. Gott, der schuf so manch' Getier,
seiner Welt zur großen Zier.
Schau es dir doch an,
freue dich daran.

Kleines Senfkorn Hoffnung

Text: Alois Albrecht
Musik: Ludger Edelkötter

2. Kleiner Funke Hoffnung,
mir umsonst geschenkt,
werde ich dich nähren,
daß du überspringst,
daß du wirst zur Flamme,
die uns leuchten kann.
Feuer schlägt in allen,
allen, die im Finstern sind.

3. Kleine Münze Hoffnung,
mir umsonst geschenkt,
werde ich dich teilen,
daß du Zinsen trägst,
daß du wirst zur Gabe,
die uns leben läßt.
Reichtum selbst für alle,
alle, die in Armut sind.

4. Kleine Träne Hoffnung,
mir umsonst geschenkt,
werde ich dich weinen,
daß dich jeder sieht,
daß du wirst zur Trauer,
die uns Handeln macht.
Leiden läßt mit allen,
allen, die in Nöten sind.

5. Kleines Senfkorn Hoffnung,
mir umsonst geschenkt,
werde ich dich streuen,
daß du manchmal bremst,
daß du wirst zum Grunde,
der uns halten läßt.
Neues wird mit allen,
allen, die in Zwängen sind.

aus: IMP 1036 »Weil du mich so magst«

Weizenkörner, Trauben

Text: Wilhelm Willms
Musik: Ludger Edelkötter

2. Weizenkörner, Trauben,
hört von unserm Glauben.
Wer nicht in die Mühle fällt,
leidet keine Not,
wird kein Brot, kein Brot.

3. Weizenkörner, Trauben,
hört von unserm Glauben.
Wer nicht in die Kelter fällt,
wird auch nicht gepreßt,
für das Fest, für das Fest.

Alle Knospen springen auf

Text: Wilhelm Willms
Musik: Ludger Edelkötter

2. Alle Menschen auf der Welt
fangen an zu teilen,
alle Wunden nah und fern
fangen an zu heilen.
Menschen teilen - Wunden heilen
Knospen blühen - Nächte glühen

3. Alle Augen springen auf,
fangen an zu sehen,
alle Lahmen stehen auf
fangen an zu gehen.
Augen sehen - Lahme gehen
Menschen teilen - Wunden heilen
Knospen blühen - Nächte glühen

4. Alle Stummen hier und da,
fangen an zu grüßen,
alle Mauern tot und hart,
werden weich und fließen.
Stumme grüßen - Mauern fließen
Augen sehen - Lahme gehen
Menschen teilen - Wunden heilen
Knospen blühen - Nächte glühen

aus: IMP 1007 »Alle Knospen springen auf«

Erde, kleines Schaukelschiff

Text: Wilhelm Willms
Musik: Ludger Edelkötter

2. Erde, großes Menschenschiff,
   nußschalenklein,
   wer wird durch Gefahren groß,
   unser Lotse sein?

3. Erde, gutes Mutterschiff,
   Arche fragenvoll,
   sag doch einer, wie und wann
   alles enden soll?

4. Erde, kleines Schaukelschiff,
   sieh, wer zu dir steigt,
   frag ihn, ob er weiterweiß
   und die Richtung zeigt.

5. Erde, kleines Schaukelschiff,
   nußschalengroß,
   treibst durch dunklen Weltenraum,
   der so uferlos.

aus: IMP 1009 »Bibl. Spiellieder zum äthiopischen MISEREOR-Hungertuch«

Du gabst mir Augen

Text: Rolf Krenzer
Musik: Ludger Edelkötter

2. Grün sind die Wiesen,
und bunte Blumen blühn.
Darüber schaukeln
Schmetterlinge hin.
Du gabst mir Augen,
daß ich Dich sehen kann.
Und Deine Schöpfung
schau ich staunend an.

3. Im Winde wiegen
sich Ähren auf dem Feld.
Ein gold'nes Leuchten,
schön ist Deine Welt.
Du gabst mir Augen,
daß ich Dich sehen kann.
Und Deine Schöpfung
schau ich staunend an.

4. Wälder und Berge
bis hin zum Himmelsblau.
Vor Deiner Schöpfung
steh' ich da und schau.
Du gabst mir Augen,
daß ich Dich sehen kann.
Und Deine Schöpfung
schau ich staunend an.

5. Du gabst mir Augen,
und alles seh ich hier.
Für meine Augen
danke, Gott, ich Dir.
Du gabst mir Augen,
daß ich Dich sehen kann.
Und Deine Schöpfung
schau ich staunend an.

Deine Welt ist voller Wunder

Text: Rolf Krenzer
Musik: Ludger Edelkötter

(Hinweis: aus Psalm 104)

1. Sprechtext
   Du hast alles klug geordnet.
   Herr, mein Gott, du bist so groß!
   Du hast den Himmel und die Erde geschaffen.
   Du schenkst uns die Nacht und den Tag,
   die Sonne, den Mond und die Sterne,
   die Wolken, den Regen und den Wind.

Kehrvers:
Ich will immer und überall ...

2. Sprechtext
   Alles, was wir um uns herum sehen,
   hast du geschaffen:
   die kleinen Bäche und die großen Flüsse
   und das Meer,
   die Berge und die Hügel,
   die Wiesen mit ihren Gräsern und Blumen,
   den Wald mit seinen Bäumen.
   Du läßt das Gras wachsen,
   damit das Vieh satt wird,
   du läßt das Getreide wachsen,
   damit wir Menschen zu essen haben.
   Alles was wir zum Leben brauchen
   haben wir von dir.

Kehrvers:
Ich will immer und überall ...

3. Sprechtext
   Mein ganzes Leben lang
   will ich dem Herrn singen.
   Solange ich atme
   will ich Gott loben und danken.
   Ich wünsche mir so sehr,
   daß Gott sich über mein Lied,
   über mein Loben und Danken freut.

Ich wünsche es mir so sehr,
weil ich mich so sehr über Gott,
meinen Herrn freue.
Ich will immer und überall
von Gott erzählen und singen.

Kehrvers:
Ich will immer und überall ...

aus: IMP 1021 »Halte zu mir, guter Gott«

Ein bunter Regenbogen

Text: Rolf Krenzer
Musik: Ludger Edelkötter

2. Ein bunter Regenbogen
ist über's Land gezogen,
und alle bleiben stehn,
um ihn sich anzusehn.

3. Ein bunter Regenbogen
ist über's Land gezogen,
damit ihr's alle wißt,
daß Gott euch nicht vergißt.

Wer sich auf Gott verläßt

Text: Rolf Krenzer
Musik: Ludger Edelkötter

2. Wer sich auf Gott verläßt,
auf Gott den Herrn allein,
der ist wie die Sonne
strahlend und hell,
ja, so wird er gesegnet sein.

3. Wer sich auf Gott verläßt,
auf Gott den Herrn allein,
der ist wie ein frisches Blatt
an dem Baum,
ja, so wird er gesegnet sein.

4. Wer sich auf Gott verläßt,
auf Gott den Herrn allein,
der ist wie ein Licht, das scheint
durch die Nacht,
ja, so wird er gesegnet sein.

5. Wer sich auf Gott verläßt,
auf Gott den Herrn allein,
der ist wie die reife Frucht
an dem Baum,
ja, so wird er gesegnet sein.

6. Wer sich auf Gott verläßt,
auf Gott den Herrn allein,
der ist wie ein Vogelkind
in dem Nest,
ja, so wird er gesegnet sein.

7. Wer sich auf Gott verläßt,
auf Gott den Herrn allein,
der ist wie ein Kind
bei den Eltern im Arm,
ja, so wird er gesegnet sein.

8. Wer sich auf Gott verläßt,
auf Gott den Herrn allein,
der ist wie die Blume,
die zart erblüht,
ja, so wird er gesegnet sein.

9. Wer sich auf Gott verläßt,
auf Gott den Herrn allein,
der ist wie ein Korn,
das aufgeht und wächst,
ja, so wird er gesegnet sein.

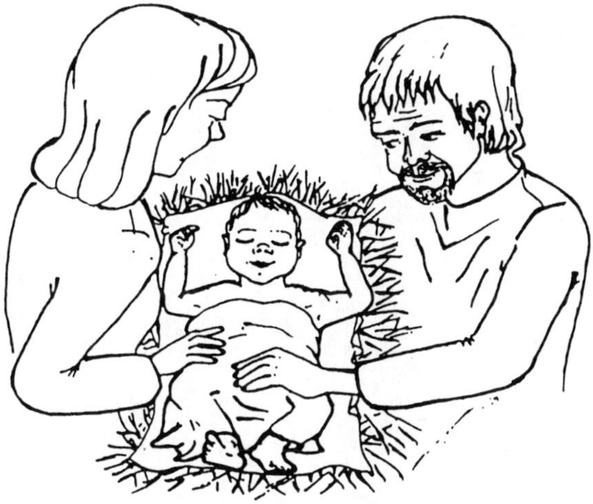

aus: IMP 1036 »Weil du mich so magst«

Hören
Erzählen
Bibellesen

Ich will auf das Leise hören

Text und Melodie: Wolfgang Longardt

aus: Weihnachten entdecken,
Christophorus Verlag, Freiburg u. Ernst Kaufmann Verlag, Lahr

Zeit für Ruhe (Kanon)

Text: Gerhard Krombusch
Musik: Ludger Edelkötter

2. Viele Laute sind ganz leise,
   singen alle ihre Weise.
   Leise Laute sind so schön,
   dürfen nicht verloren gehen.

3. Zeit für Ruhe, Zeit für Stille,
   Atem holen und nicht hetzen,
   unser Schweigen nicht verletzen.
   Laßt uns in die Stille hören.

aus: IMP 1036 »Weil du mich so magst«

Schweige und höre (Kanon)

Text: Michael Hermes
Musik: aus England

aus: IMP 1036 »Weil du mich so magst«
erschienen im Impulse-Musikverlag, 4406 Drensteinfurt

Gottes Wort ist wie Licht (Kanon)

Aus Israel

aus: IMP 1036 »Weil du mich so magst«
erschienen im Impulse-Musikverlag, 4406 Drensteinfurt

Lieder zu Geschichten aus dem Alten Testament

Text: Ernst Bader
Spiritual

Er hält das Leben in der Hand

2. Er lenkt die Erde wunderbar,
er schenkt uns Sonne hell und klar,
er gibt uns Regen Jahr für Jahr,
er lenkt die Erde wunderbar.

3. Er hält mein Leben in der Hand,
er hält dein Leben in der Hand,
er hält die Erde in der Hand,
er hält uns alle in der Hand.

4. Er ist der Glaube Tag für Tag,
er ist die Liebe Tag für Tag,
er ist die Hoffnung Tag für Tag,
er segnet uns an jedem Tag.

Hört auf Gott
(Ein Lied des Moses)

Text: Rolf Krenzer
Musik: Ludger Edelkötter

Kehrvers: Hört auf Gott ...

2. Will euch das Meer verschlingen,
er wird euch an's Ufer bringen,
rettet euch aus der Gefahr.
Was Gott tut ist wunderbar.

Kehrvers: Hört auf Gott ...

3. Unser Danklied soll erklingen
und von Gott wollen wir singen,
weil Gott unser Vater ist,
der uns liebt und nie vergißt.

aus: IMP 1036 »Weil du mich so magst«

Kain und Abel

Text: Rudolf Otto Wiemer
Musik: Ludger Edelkötter

2 a. Sie schleppten Opfergaben bei, Gaben bei, Gaben bei,
damit Gott ihnen gnädig sei, gnädig sei.
Sie setzten Stein auf Stein,
ein Lamm gab der Abel,
und Kornfrucht gab Kain.

Kehrvers:
Zwei Brüder waren auf der Welt,
auf der Welt, auf der Welt,
die hatte Gott da hingestellt, hingestellt.

2 b. Und Abels Rauch zum Himmel wich,
und Kains Rauch tief am Boden strich,
da fing er an zu schrei'n.
Es betete Abel,
es fluchte der Kain.

Kehrvers:
Zwei Brüder waren auf der Welt...

3 a. Vor Zorn Kains Auge wurde rot, wurde rot, wurde rot.
Im Zorn schlug er den Bruder tot, Bruder tot.
Er lag am Wegesrain,
bleich lag Bruder Abel,
starr stand Bruder Kain.

Kehrvers:
Zwei Brüder waren auf der Welt...

3 b. Kain floh nur fort, nur fort, nur fort,
er floh, er blieb an keinem Ort,
doch Gott, der holt ihn ein:
„Wo ist dein Bruder Abel?
Wo ist dein Bruder, Kain?"

Kehrvers:
Zwei Brüder waren auf der Welt...

4 a. Die Welt ist jung, die Welt wird alt, Welt wird alt,Welt wird alt,
doch nie der Schrei, der Schrei verhallt, Schrei verhallt.
Er geht durch Mark und Bein:
Wo ist dein Bruder Abel?
Wo ist dein Bruder, Kain?

Kehrvers:
Zwei Brüder waren auf der Welt...

4 b. Die Welt ist jung, die Welt wird alt,
doch nie der Schrei, der Schrei verhallt.
Er geht durch Mark und Bein:
Bist du mein Bruder Abel?
Bist du mein Bruder Kain?

Kehrvers:
Zwei Brüder waren auf der Welt...

aus: IMP 1009 »Bibl. Spiellieder zum äthiopischen MISEREOR-Hungertuch«

Da rief Gott nach Samuel

Text: Rolf Krenzer
Musik: Ludger Edelkötter

2. Doch Gottes Stimme war ihm fremd
und noch so unbekannt.
Und darum ist der Junge gleich
zum Priester hingerannt:
„Du riefst mich, Priester", sagte er,
doch Eli meinte: „Nein,
geh nur und leg dich ruhig hin,
und schlafe wieder ein."

Kehrvers:
Da rief Gott nach Samuel ...

3. Doch Gottes Stimme war ihm fremd
und noch so unbekannt.
Drum ist der Junge noch einmal
zum Priester hingerannt:
„Jetzt riefst du aber", sagte er,
doch Eli wieder: „Nein,
geh nur und leg dich ruhig hin,
und schlafe wieder ein."

Kehrvers:
Da rief Gott nach Samuel ...

4. Beim dritten Mal fiel Eli erst
der Schleier vom Gesicht:
das kann doch Gott nur selber sein,
der zu dem Jungen spricht.
So kam's, daß Eli Samuel
am Ende fast beschwört:
„Wenn Gott dich ruft, dann sage laut:
Herr, sprich, Dein Diener hört."

Kehrvers:
Rede, Herr, Dein Diener hört.
Gott hat in dieser Nacht
diesen Jungen zum Propheten Samuel gemacht.

aus: IMP 1036 »Weil du mich so magst«

Lieder zu Geschichten aus dem Neuen Testament

Text: Rolf Krenzer
Musik: Ludger Edelkötter

Das große Fest

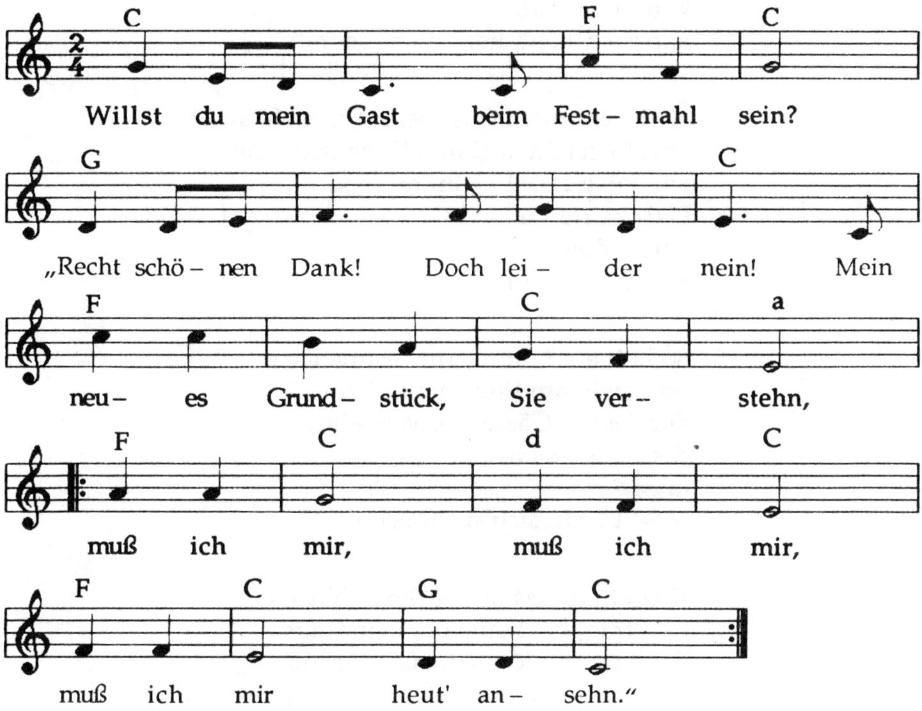

2. Willst du mein Gast beim Festmahl sein?
„Recht schönen Dank! Doch leider nein!
Mein Vieh, die Arbeit, Sie verstehn!
Drum kann ich heut,
kann ich heut,
kann ich heut, heut nicht gehn!"

3. Willst du mein Gast beim Festmahl sein?
„Recht schönen Dank! Doch leider nein!
Wir feiern Hochzeit, Sie verstehn!
Drum kann ich heut,
kann ich heut,
kann ich heut, heut nicht gehn!"

4. Willst du mein Gast beim Festmahl sein?
„Recht schönen Dank! Doch leider nein!
Ich hab zu tun! Es tut mir leid!
Hab keine Zeit,
keine Zeit,
keine Zeit, keine Zeit!"

5. So lädt ein Mann zum Festmahl ein
und steht am Ende ganz allein.
Die feinen Gäste, Sie verstehn,
die lassen sich,
lassen sich
lassen sich, sich nicht sehn.

6. Da geht der Mann nochmal hinaus
und fragt die Leute vor dem Haus.
So steht er plötzlich auch vor dir
und fragt: „Kommst du,
sag, kommst du,
sag, kommst du auch zu mir?"

7. Willst du mein Gast beim Festmahl sein?
Ich lade dich ganz herzlich ein!
Komm, sei mein Gast und tritt herein.
Was ich hab,
ist auch dein!
Was ich hab, ist auch dein.

8. Die krank und arm und dumm und klein,
die lädt der Mann zum Festmahl ein.
Den andern aber, Sie verzeihn,
sagt er nein,
einfach nein,
sagt er nein, einfach nein!

aus: IMP 1036 »Weil du mich so magst«

Ich hab von einem Mann gehört

Text: Arnim Juhre
Musik: Ludger Edelkötter

Kehrvers:
Was macht der Mann, was macht der Mann
mit neunundneunzig Schafen? (2x)

2. Vers
Er sucht und sucht und sucht,
er sucht und sucht und sucht.

Er sucht bis er's gefunden hat
und schließt es in die Arme. (2x)

Jetzt ist die Freude groß,
und alle singen froh:

Ich hab von einem Mann gehört,
der hatte hundert Schafe. (2x)

Kehrvers:
Ich hab von einem Mann gehört,
der hatte hundert Schafe. (2x)

Eine zweite Geschichte:

Kehrvers:
Ich hab von einer Frau gehört,
die hatte ein paar Groschen. (2x)

1. Vers:
Doch einer kam abhanden,
einer ging verlor'n.

Ich hab von einer Frau gehört,
die hatte ein paar Groschen. (2x)

Kling, kling, kling, klang,
kling, kling, kling, klang.

Kehrvers:
Was macht die Frau, was macht die Frau
nun ohne diesen Groschen? (2x)

2. Vers:
Sie sucht und sucht und sucht,
sie sucht und sucht und sucht.

Sie sucht, bis sie ihn wieder hat
und steckt ihn in die Tasche. (2x)

Jetzt ist die Freude groß
und alle singen froh:

Kehrvers:
Ich hab von einer Frau gehört,
die hatte ein paar Groschen. (2x)

Erfinde noch bitte die 3. und vielleicht eine 4. Geschichte.

aus: IMP 1036 »Weil du mich so magst«

Der gütige Vater

Text und Melodie: Ludger Edelkötter

2. Der Franz hat Arbeit auf dem Hof,
Michael der findet's doof.
Tralala, rallala, Michael der findet's doof.

3. Er spricht zum Vater: „Gib mir Geld!
Ich will jetzt in die weite Welt!"
Tralala, rallala, will jetzt in die weite Welt!

4. Der Michael geht freudig weg,
hat sehr viel Geld und viel Gepäck.
Tralala, rallala, hat sehr viel Geld und viel Gepäck.

5. Bald kommt er in die große Stadt,
die Kaufhäuser und Läden hat.
Tralala, rallala, die Kaufhäuser und Läden hat.

6. Er kauft was man dort kaufen kann,
und ist zum Schluß ein armer Mann.
Tralala, rallala, ist zum Schluß ein armer Mann.

7. Und traurig denkt er an zu Haus,
dort ging das Brot noch keinem aus.
Tralala, rallala, ging das Brot noch keinem aus.

8. Es gibt dort Essen, Bett und Kleid,
der Weg nach Hause ist noch weit.
Tralala, rallala, der Weg nach Hause ist noch weit.

9. Er macht sich trotzdem auf den Weg
und trifft den Franz an einem Steg.
Tralala, rallala, trifft den Franz an einem Steg.

10. „Was willst Du hier, wo kommst du her?
Zu Hause will dich keiner mehr."
Tralala, rallala, zu Hause will dich keiner mehr.

11. Und als er langsam weitergeht,
der Vater vor dem Hause steht.
Tralala, rallala, der Vater vor dem Hause steht.

12. „Da bist du ja, komm mit ins Haus
und ruh dich endlich bei uns aus!
Tralala, rallala, ruh dich endlich bei uns aus!

13. Wie oft hab ich an dich gedacht.
Jetzt wird ein großes Fest gemacht."
Tralala, rallala, jetzt wird ein großes Fest gemacht.

14. Dem Michael geht es jetzt gut.
Der Franz hat eine große Wut.
Tralala, rallala, Franz hat eine große Wut.

aus: IMP 1036 »Weil du mich so magst«

Das Gleichnis vom Sämann

Text: Rolf Krenzer
Melodie: Ludger Edelkötter

Kehrvers: Hört, Leute, hört ...

2. Ein Bauer geht auf's Feld hinaus
und streut dort guten Samen aus.
Da fallen Körner auf's Gestein.
Die Sonne brennt. Sie trocknen ein.
So wird es nichts,
so wird es nichts,
so kann nichts gedeihn!
Guter Boden muß zum Wachsen sein.
Guter Boden muß zum Wachsen sein!

Kehrvers: Hört, Leute, hört ...

3. Ein Bauer geht auf's Feld hinaus
und streut dort guten Samen aus.
Auch im Gestrüpp ist nichts geglückt,
denn alle Körner sind erstickt.
So wird es nichts,
so wird es nichts,
so kann nichts gedeihn!
Guter Boden muß zum Wachsen sein.
Guter Boden muß zum Wachsen sein!

Kehrvers: Hört, Leute, hört ...

4. Ein Bauer geht auf's Feld hinaus
und streut dort guten Samen aus.
Der Boden läßt das Korn gedeihn.
Wir bringen reiche Ernte ein.
So wird es was,
so wird es was,
so kann es gedeihn!
Guter Boden muß zum Wachsen sein.
Guter Boden muß zum Wachsen sein!

Zachäus

Text und Melodie: Ludger Edelkötter

2. Doch Jesus ist ein toller Mann.
   Jeder will ihn sehen.
   Ich auch, du auch, jeder will ihn sehen.

3. Zachäus sieht den Jesus nicht.
   Er wär' gerne größer.
   Ich auch, du auch, er wär gerne größer.

4. Zachäus steigt auf einen Baum,
   jetzt kann er ihn sehen.
   Ich auch, du auch, jetzt kann er ihn sehen.

5. Und Jesus kommt am Baum vorbei.
   Er spricht: „Komm doch runter."
   Ich auch, du auch, er spricht: „Komm doch runter."

6. Da ist Zachäus sehr erstaunt.
Jesus will ihn haben.
Ich auch, du auch, Jesus will ihn haben.

7. Zachäus sagt: „Komm in mein Haus,
komm wir wollen essen."
Ich auch, du auch, komm wir wollen essen.

8. Zachäus lacht und freut sich sehr. –
Einer will ihn haben.
Ich auch, du auch, Einer will ihn haben.
Ich auch, du auch, Jesus will ihn haben.
Ich auch, du auch, Jesus will ihn haben.

aus: IMP 1009 »Bibl. Spiellieder zum äthiopischen MISEREOR-Hungertuch«

Der blinde Mann von Jericho

Text: Wilhelm Willms
Musik: Ludger Edelkötter

2. Er sah sie an
mit einem Blick
und nahm sie bei der Hand.
Er sprach dabei ein neues Wort,
wie keiner spricht im Land.
So gehen viele blind daher
und lahm und stumm und taub.
Und manche laufen tot umher
und stehen nicht mehr auf,
und stehen nicht mehr auf.

Kehrvers: Wann kommt der Eine ...

3. Es fehlt der Eine,
der sie weckt,
der hört und spricht und merkt.
Der Eine, der sich selbst vergißt,
der andre heilt und stärkt.
Wann kommt der Eine noch einmal,
vielleicht auch zwei und drei?
Nach Afrika, Amerika,
zu uns in die Türkei,
zu uns in die Türkei.

Kehrvers: Wann kommt der Eine ...

4. Der blinde Mann
von Jericho,
der kann nun wieder sehn.
Der Lahme aus Jerusalem,
der kann nun wieder gehn.
In Köln und auch in Wuppertal
sind Leute blind und lahm.
Es fehlt der Eine, der sie sieht,
wie damals einer kam,
wie damals einer kam.

Kehrvers: Wann kommt der Eine ...

aus: IMP 1036 »Weil du mich so magst«

Der kleine Jonathan

Text: Rudolf Otto Wiemer
Musik: Ludger Edelkötter

2. Und als der große Hunger kam,
sprach Jesus: Ihr müßt teilen.
Da teilten Frau und Kind und Mann,
da teilt der kleine Jonathan.
Da teilten Frau und Kind und Mann,
und viele, viele Kinder.

3. Und Jesus segnet Fisch und Brot
und sagt: Kommt her und esset.
Da aßen Frau und Kind und Mann,
da aß der kleine Jonathan.
Da aßen Frau und Kind und Mann,
und viele, viele Kinder.

4. Und alle Menschen wurden satt,
die dort bei Jesus saßen.
Satt wurden Frau und Kind und Mann,
satt war der kleine Jonathan.
Satt wurden Frau und Kind und Mann,
und viele, viele Kinder.

5. Denn Brot, das man mit andern teilt,
wird wunderbar sich mehren.
Es dankten Frau und Kind und Mann,
es dankt der kleine Jonathan.
Es dankten Frau und Kind und Mann,
und viele, viele Kinder.

aus: IMP 1009 »Bibl. Spiellieder zum äthiopischen MISEREOR –Hungertuch«

Lied vom Teilen

Text: Jutta Richter
Melodie: Ludger Edelkötter

2. Dann denk ich an Jerusalem,
das ist schon lange her , ja her.
Man sagt, in unsren Tagen
geschieht kein Wunder mehr, ja mehr.
Man sagt, in unsren Tagen
geschieht kein Wunder mehr.

3. Auch damals waren viele da,
und Brot und Fisch war knapp, ja knapp.
Da haben sie es sich geteilt,
und alle wurden satt, ja satt.
Da haben sie es sich geteilt,
und alle wurden satt.

4. Ich weiß nicht, was ein Wunder ist,
mir wird nur langsam klar, ja klar.
Wenn alle etwas teilen,
ist ein Wunder da, ja da.
Wenn alle etwas teilen,
ist ein Wunder da.

aus: IMP 1009 »Bibl. Spiellieder zum äthiopischen MISEREOR-Hungertuch«

Sancta Maria (Kanon)

Text und Melodie: Ludger Edelkötter

aus: IMP 1036 »Weil du mich so magst«

Jesus Christus
und
Unser Vater im Himmel

Vater unser im Himmel (Kanon)

mündlich überliefert

2. Vater unser im Himmel,
   Dein Reich soll zu uns kommen.
   Wir preisen Dich.

3. Vater unser im Himmel,
   es geschehe Dein Wille.
   Wir rühmen Dich.

Weißt du wo der Himmel ist?

Text: Wilhelm Willms
Melodie: Ludger Edelkötter

2. Weißt du wo der Himmel ist,
nicht so tief verborgen,
einen Sprung aus dir heraus,
aus dem Haus der Sorgen,
aus dem Haus der Sorgen.

3. Weißt du wo der Himmel ist,
nicht so hoch da oben,
sag doch „Ja" zu dir und mir,
du bist aufgehoben,
du bist aufgehoben.

Text: Rolf Krenzer
Musik: Ludger Edelkötter

Ihr Freunde laßt euch sagen

2. Ihr Freunde laßt euch sagen,
Er hat das Kreuz getragen.
Uns ist das Herz so schwer,
und Er ist unser Herr,
und Er ist unser Herr.

3. Ihr Freunde laßt euch sagen,
Er ist ans Kreuz geschlagen.
Das Kreuz war hart und schwer,
und Er ist unser Herr,
und Er ist unser Herr.

4. Ihr Freunde laßt euch sagen,
Er hat den Tod geschlagen.
Den Tod besiegte Er.
So stark ist unser Herr,
so stark ist unser Herr.

Jesus wohnt in uns'rer Straße

Text: Rudolf Otto Wiemer
Melodie: Ludger Edelkötter

2. Jesus wohnt in unsrer Straße,
hat keine Beine mehr.
Gestern bin ich ihm begegnet,
rollte vor mir her.
Und er saß in seinem Rollstuhl,
und er sah mich an und sprach:

Kehrvers: „Wer weiß denn schon ..."

3. Jesus wohnt in unsrer Straße,
ist 'ne kranke Frau.
Gestern bin ich ihr begegnet,
und ihr Haar war grau.
Und es zitterten die Hände,
und sie sah mich an und sprach:

Kehrvers: „Wer weiß denn schon ..."

4. Jesus wohnt in unsrer Straße,
ist ein Schlüsselkind.
Gestern bin ich ihm begegnet,
eiskalt pfiff der Wind.
Und es stand am Zaun und weinte,
und es sah mich an und sprach:

Kehrvers: „Wer weiß denn schon ..."

5. Jesus wohnt in unsrer Straße,
man hatte ihn gefaßt.
Gestern bin ich ihm begegnet,
nach zwei Jahren Knast.
Und da wurde er entlassen,
und er sah mich an und sprach:

Kehrvers: „Wer weiß denn schon ..."

6. Jesus wohnt in unsrer Straße,
wohnt da ganz am End'.
Und er fragt: „Du wie kommt es,
daß mich keiner kennt?"
Gestern bin ich ihm begegnet,
und ich sah ihn an und sprach:

Kehrvers:
„Wer weiß denn schon, wer weiß denn schon,
daß Du in dieser Straße wohnst,
gleich um die Ecke nebenan."

aus: IMP 1009 »Bibl. Spiellieder zum äthiopischen MISEREOR-Hungertuch«

Wenn ich Vater sage

Text: Hanna Neubauer
Musik: Franz Kett

2. Wenn ich Vater sage,
denk ich an ein Licht,
das mich wärmt, mir leuchtet,
daß ich mich nicht fürcht'.

Kehrvers: Vater unser ...

3. Wenn ich Vater sage,
denke ich an Brot;
Brot, das mir gereicht wird,
gegen alle Not.

Kehrvers: Vater unser ...

4. Wenn ich Vater sage,
denk ich an die Hand,
die mich führt und leitet,
und umschließet ganz.

Kehrvers: Vater unser ...

5. Wenn ich Vater sage,
denk an Liebe ich,
Liebe, die umarmt und
die mich nicht vergißt.

Kehrvers: Vater unser ...

6. Wenn ich Vater sage,
denke ich an Dich,
Vater, Du im Himmel,
ja, Dein Kind bin ich.

Kehrvers: Vater unser ...

aus: Kett/Neubauer
»Religionspädagogische Praxis« 82/83

Ein Credo Lied

Text: Wilhelm Willms
Musik: Ludger Edelkötter

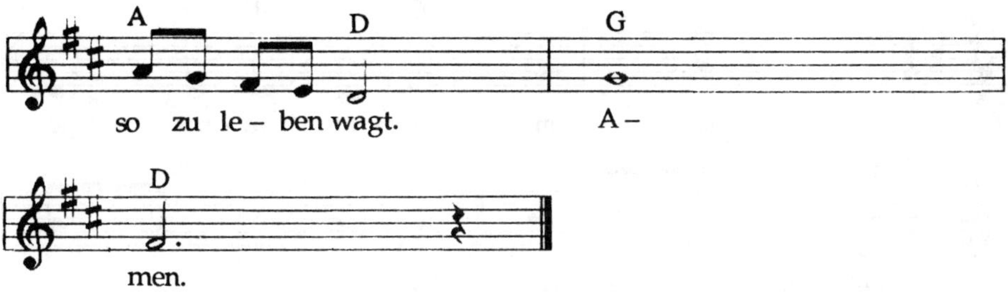

aus: IMP 1026 »Ein Hirt kam auf die Erde«

Vater unser

Musik: Ludger Edelkötter

g C F A
un- ser'n Schul -di - gern. Und füh- re uns
d B D g
nicht in Ver-su- chung, son- dern er- lö- se uns, er-
C F A
lö- se uns von dem Bö- sen. Denn Dein ist das
d A
Reich und die Kraft und die Herr- lich-
d Kanon ❶. d g C F ❷.
keit in E- wig-keit A- men,
1. 2.
d g C F C F
A- men, A- men. in A- men.

zusammen leben
zusammen feiern

Gott loben

Herr, gib uns Deinen Frieden (Kanon)

Text: Wolfgang Poeplau
Melodie: Ludger Edelkötter

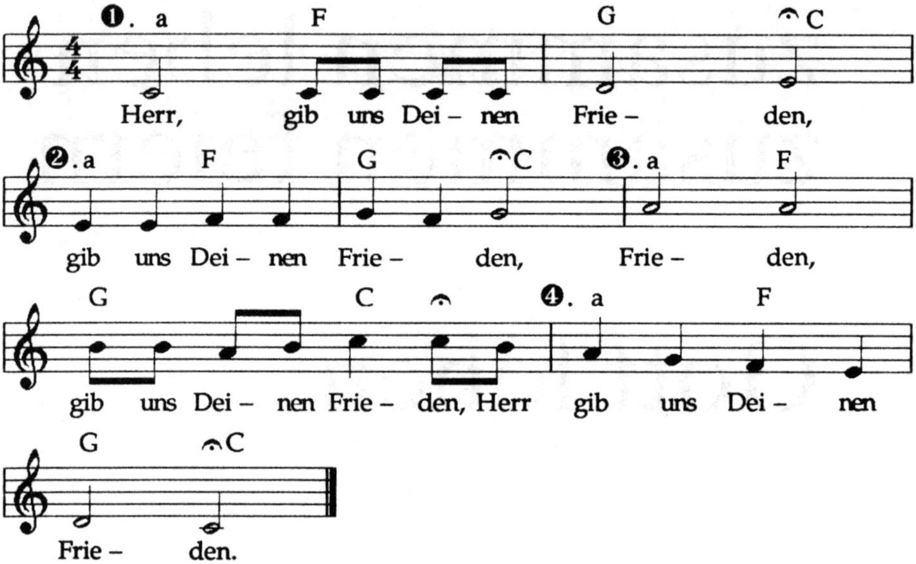

Du hast in der Schule Angst

Text: Heinz Bielefeldt
Musik: Ludger Edelkötter

2. Daß du nicht dazugehörst,
lassen sie dich fühlen,
und du möchtest doch so gern
auch mit ihnen spielen.
Oft ist es so: groß ist das Leid,
die Angst ist so groß, sagt,
wer befreit.

Kehrvers: Vieles gibts im Leben ...

3. Oft wirst du im bösen Streit
hin und her gestoßen,
weil du dich nicht wehren kannst,
hänseln dich die Großen.
Oft ist es so: groß ist das Leid,
die Angst ist so groß, sagt,
wer befreit.

Kehrvers: Vieles gibts im Leben ...

4. In der Not bist du allein,
möchtest fast verzagen,
keiner ist jetzt für dich da,
ihm dein Leid zu sagen.
Oft ist es so: groß ist das Leid,
die Angst ist so groß, sagt,
wer befreit.

Kehrvers: Vieles gibts im Leben ...

5. Nacht ist in der weiten Welt,
Nacht voll Angst und Sorgen,
Menschen hoffen überall
auf den hellen Morgen.
Oft ist es so: groß ist das Leid,
die Angst ist so groß, sagt,
wer befreit.

Kehrvers: Vieles gibts im Leben ...

aus: IMP 1036 »Weil du mich so magst«

Christus hat so viele Namen

Text: Rolf Krenzer
Musik: Ludger Edelkötter

Kehrvers:
Christus hat so viele Namen...

2. Barbara von gegenüber
muß zur Sonderschule geh'n.
Und den alten Opa Friedrich
hab ich lang nicht mehr geseh'n.
Im Gefängnis der Guiseppe
wird von Manuel bewacht.
Um den Sohn weint die Dolores,
den man gestern umgebracht.

Kehrvers:
Christus hat so viele Namen...

3. Jacky hat ein Bein verloren,
weil er in den Krieg gemußt.
Und Annette weint vor Schmerzen
und dem Krebs in ihrer Brust.
Weil sie aus der Heimat flüchten,
treiben Menschen über's Meer.
Jenny gibt für Tom und Billy
ihren letzten Dollar her.

Kehrvers:
Christus hat so viele Namen...

4. Beinah wär der Lars ertrunken,
aber Elke hilft ihm raus.
Und der Trinker in dem Rinnstein
heißt nicht »Alter«, sondern Klaus.
In dem Krieg wird Shan Tamiro
nach dem letzten Kampf vermißt.
Und es weint die kleine Gyo,
weil der Shan ihr Vater ist.

Kehrvers:
Christus hat so viele Namen...

5. Peter feiert heut' Geburtstag.
Viele werden bei ihm sein.
Selbstverständlich lädt er Achmed
und den Erkut dazu ein.
Ingrid freut sich, weil der Dieter
ihr heut zugelächelt hat.
So viel Menschen, so viel Namen
gibt es in der kleinsten Stadt.

aus: IMP 1015 »Bibl. Spiellieder z. MISEREOR-Hungertuch aus Haiti«

Friede den Menschen auf Erden

Wir feiern heut' ein Fest

Text: Rolf Krenzer
Musik: Ludger Edelkötter

2. Wir feiern heut' ein Fest
   und singen miteinander.
   Wir feiern heut' ein Fest,
   weil Gott uns alle liebt.

   Kehrvers: Herein, herein! ...

3. Wir feiern heut' ein Fest
   und danken für die Gaben.
   Wir feiern heut' ein Fest,
   weil Gott uns alle liebt.

   Kehrvers: Herein, herein! ...

4. Wir feiern heut' ein Fest
und teilen miteinander.
Wir feiern heut' ein Fest,
weil Gott uns alle liebt.

Kehrvers: Herein, herein! ...

Weitere Möglichkeiten:
...und klatschen in die Hände...
...und stampfen mit den Füßen...
...und tanzen miteinander...
...und schnippen mit den Fingern...

aus: IMP 1022 »Wir feiern heut' ein Fest«

Fürbitt-Ruf

Text und Melodie: Ludger Edelkötter

aus: IMP 1036 »Weil du mich so magst«

Kann denn das Brot

Text: Wilhelm Willms
Musik: Ludger Edelkötter

2. Kann denn ein Becher Wein
für uns der Himmel sein. (2x)

3. Kann denn ein Mensch allein
für uns die Zukunft sein. (2x)

4. Kann denn ein Wind so leis
für uns der Antrieb sein. (2x)

5. Kann denn ein Kind so klein
für uns die Rettung sein. (2x)

Halleluja-Tanz

Text: Rolf Krenzer
Melodie aus Finnland

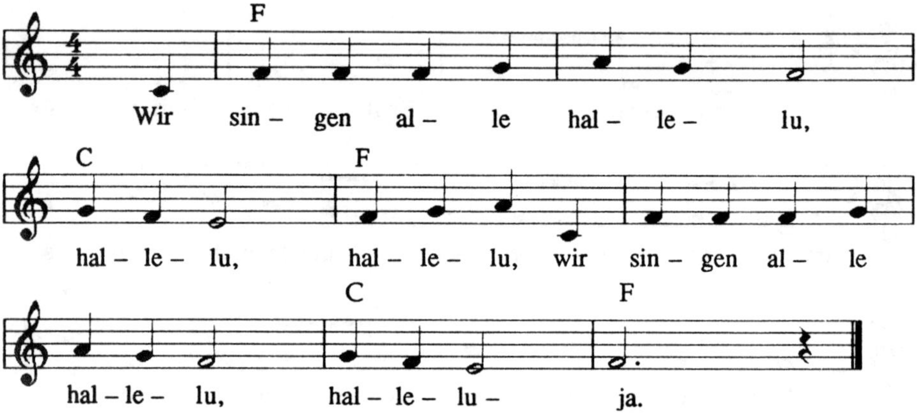

Wir tanzen alle ...
Wir klatschen alle ...
Wir stampfen alle ...
Wir schnalzen alle ...
Wir patschen alle ...
Wir pfeifen alle ...

aus: Rolf Krenzer »Regenbogen bunt und schön«
Verlag Ernst Kaufmann, Lahr und Kösel-Verlag, München

Ehre sei Gott (Kanon)

Text: Rolf Krenzer
Musik: Ludger Edelkötter

Halleluja

mündl. überliefert

2. Gloria Deo
3. Canta Dios
4. Gloire au Seigneur
5. Praise Ye The Lord

aus: IMP 1036 »Weil du mich so magst«

Leben wie Gott es will

Jedem gibst Du Deine Hände

Text: Rolf Krenzer
Musik: Ludger Edelkötter

2. Keine Zeit! Die Autos rasen durch die Stadt auf allen Straßen.
Weil ein Kind nicht aufgepaßt, hat ein Auto es erfaßt.
Viele Leute stehn herum. Und die Mutter schreit: „Warum?"
So viel Angst. So viel Leid. Und es herrscht die böse Zeit.

3. Schaut, ein Kind ist vor uns allen mit dem Fahrrad hingefallen.
Jeder schaut von ferne zu, aber keiner hilft im Nu.
Unsre Hilfe kommt zu spät, wenn es endlich wieder steht.
So viel Angst. So viel Leid. Und es herrscht die böse Zeit.

4. Jeden Tag im Bett zu liegen, das ist wirklich kein Vergnügen.
Dieses Kind im Krankenhaus hält das schon zwölf Wochen aus.
Rundum Gips. Es weint nur stumm und kommt fast vor Heimweh um.
So viel Angst. So viel Leid. Und es herrscht die böse Zeit.

5. Wenn die andern fröhlich lachen und gemeinsam Streiche machen,
spielt ein Kind allein zu Haus. Niemand holt es dort heraus.
Weil das Kind behindert ist, kommt es, daß man es vergißt.
So viel Angst. So viel Leid. Und es herrscht die böse Zeit.

6. Krumme Schultern, weiße Haare. Dieser Mensch zählt achtzig Jahre.
Steht allein jetzt in der Welt. Keiner mehr, der zu ihm hält.
Nur ein Gruß braucht es zu sein, und er wär nicht so allein.
So viel Angst. So viel Leid. Und es herrscht die böse Zeit.

7. Von der satten Welt vergessen, hat die Mutter nichts zu essen
für ihr Kind, das Hunger hat. Beide werden niemals satt.
Gibt es morgen Reis und Brot oder wartet schon der Tod?
So viel Angst. So viel Leid. Und es herrscht die böse Zeit.

8. Wenn die Bomben explodieren, Todesschüsse detonieren,
ist die Welt so leer und kalt. Krieg macht nicht vor Kindern halt.
Nach der Mutter weint ein Kind, dort, wo jetzt die Panzer sind.
So viel Angst. So viel Leid. Und es herrscht die böse Zeit.

9. Weil die Menschen Menschen hassen, müssen sie ihr Land verlassen,
flüchten vor dem Tod auf's Meer, geben alles dafür her.
Heimatlos und hoffnungslos treibt im Meer ein kleines Floß.
So viel Angst. So viel Leid. Und es herrscht die böse Zeit.

aus: IMP 1015 »Bibl. Spiellieder z. MISEREOR-Hungertuch aus Haiti«

Ich gebe dir die Hände

Text: Rolf Krenzer
Musik: Ludger Edelkötter

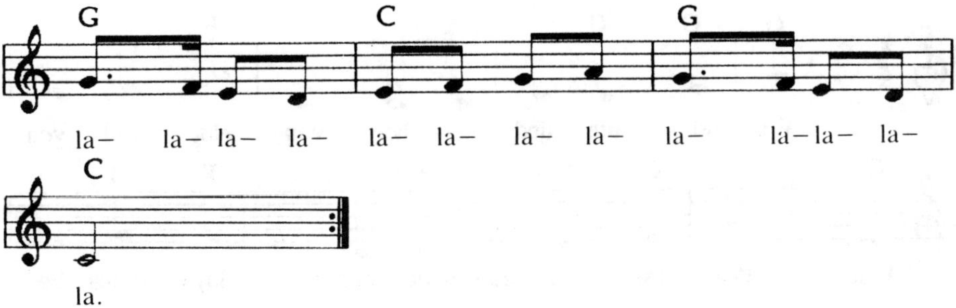

2. Wir bauen eine Brücke
   vom Mensch zum Menschen dann,
   mit Liebe und mit Zuversicht.
   Vertraue dich mir an!
   Wir halten uns die Hände
   und wolln die Brücke baun,
   daß du und ich, daß ich und du
   einander stets vertraun.

3. So stark wird diese Brücke
   vom Mensch zum Menschen sein.
   Und wenn wir fest zusammenstehn,
   dann stürzt sie niemals ein.
   Wir halten uns die Hände
   und wolln die Brücke baun,
   daß du und ich, daß ich und du
   einander stets vertraun.

aus: IMP 1017 »Ich gebe Dir die Hände«

Wir hören und sehen

Text: Heinz Bielefeldt
Musik: Ludger Edelkötter

2. Wir öffnen die Herzen,
wenn Not dort geschieht.
Wir spüren die Schmerzen,
wir leiden mit.
Wir spüren die Schmerzen,
wir leiden mit.

3. Wir stellen uns neben
den traurigen Freund,
daß in seinem Leben
Glück auch erscheint,
daß in seinem Leben
Glück auch erscheint.

4. Wir kommen und teilen.
Ja, wir sind dabei
die Welt mit zu heilen:
Welt wird dann neu.
Wir kommen und teilen:
Welt wird dann neu.

aus: IMP 1036 »Weil du mich so magst«

Ich habe tausend Wünsche

Text: Norbert Weidinger
Musik: Ludger Edelkötter

Kehrvers: Ich habe tausend Wünsche ...

2. Ich möchte gern ein Haus mit Garten
für uns nur ganz allein.
Und hab' ich es, dann frag ich mich:
Muß es so groß denn sein?
Allmählich bröckelt ab der Putz.
Was bleibt am Ende mir als Schutz?

Kehrvers: Ich habe tausend Wünsche ...

3. Ich möchte eine neue Erde
für Menschen groß und klein.
Dort sollte Platz für Elefant,
Löwe und Tiger sein.
Kein Krieg macht diese Welt kaputt.
Kein Mensch legt sie in Schrott und Schutt.

Kehrvers:
Ich habe tausend Wünsche,
tausend und noch mehr.
Doch wenn sich dieser Wunsch erfüllt,
dann bleibt mein Herz nicht leer,
doch wenn sich dieser Wunsch erfüllt,
dann bleibt mein Herz nicht leer.

aus: IMP 1015 »Bibl. Spiellieder z. MISEREOR-Hungertuch aus Haiti«

Lied vom Stein

Text: Norbert Weidinger / Rolf Krenzer
Musik: Ludger Edelkötter

Kehrvers: 1, 2, 3, 4, 5, 6, 7 ...

2. Gott wünscht, daß hier auf dieser Erde
kein Mensch des andern Spielzeug werde.
Jeder soll frei und glücklich sein.
Dies Menschenrecht schützt dieser Stein.

Kehrvers: 1, 2, 3, 4, 5, 6, 7 ...

3. Es sind zehn Regeln für das Leben.
Sie sind auch dir ins Herz gegeben.
Drum mach' dein Herz nicht hart wie Stein!
Laß dich auf diese Regeln ein.

Kehrvers: 1, 2, 3, 4, 5, 6, 7 ...

4. Gebote kann in Stein man treiben
und auch in dicke Bücher schreiben.
Doch Worte, sie verweh'n im Wind,
wenn sie nicht in uns selber sind.

aus: IMP 1015 »Bibl. Spiellieder z. MISEREOR-Hungertuch aus Haiti«

Lied vom Überfluß

Text: Rolf Krenzer
Musik: Ludger Edelkötter

2. Fleisch, Pommes frites und Jägersoße,
Reis mit Huhn, Fleisch aus der Dose,
Nudeln, Ketchup, Apfelbrei,
frisches Brot zum Frühstücksei.
Ja, ich leb im Überfluß,
wenn der andre hungern muß.

3. Äpfel, Pflaumen und Tomaten,
Kotelett, Schnitzel, Rinderbraten,
Sahne, Zucker zum Kaffee
und Zitrone in den Tee.
Ja, ich leb im Überfluß,
wenn der andre hungern muß.

4. Alle können besser leben,
wenn wir teilen, wenn wir geben,
daß ein jeder etwas hat,
denn dann werden alle satt.
Und es wird mein Überfluß
überflüssig dann zum Schluß.

aus: IMP 1021 »Halte zu mir, guter Gott«

Streit

Text: Rolf Krenzer
Melodie: Ludger Edelkötter

2. Streit, Streit, Streit,
es ist sehr schnell soweit.
Wenn zwei sich nicht vertragen,
wenn sie sich Böses sagen
und endlich gar noch schlagen.
Ja, dann ist es soweit,
nichts als Streit, Streit, Streit!

3. Streit, Streit, Streit,
es ist sehr schnell soweit.
Keiner will unterliegen,
den andern nur besiegen.
Und so kommt es zu Kriegen.
Ja, dann ist es soweit,
nichts als Streit, Streit, Streit!

4. Seid euch gut!
Bezwingt doch eure Wut!
Laßt es damit bewenden.
Laßt uns den Streit beenden,
faßt fest euch an den Händen,
bezwingt doch eure Wut!
Seid euch wieder gut!

aus: IMP 1015 »Bibl. Spiellieder z. MISEREOR-Hungertuch aus Haiti«

Wenn wir Kinder uns lieben

Text: Dieter Frettlöh
Musik: Christoph Kruyer

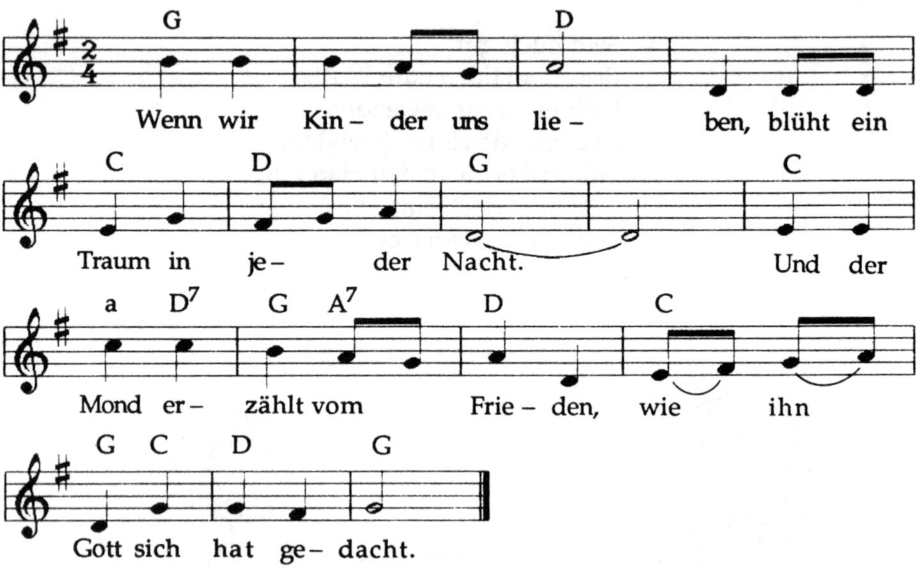

2. Wenn sich die Nachbarn lieben,
blühen Stacheldraht und Zaun
voller silberweißer Blüten,
und es wächst das Vertraun.

3. Wenn die Eltern sich lieben,
blüht daheim Geborgenheit
wie die großen Sonnenblumen,
und es welkt aller Streit.

4. Wenn die Völker sich lieben,
blühen Rosen im Gewehr,
und einander totzuschießen,
ja, das geht dann nicht mehr.

5. Wenn wir Kinder uns lieben,
blüht ein Traum am hellen Tag.
Und wir sehen, wenn wir üben
was der Frieden vermag.

Sing das Lied vom großen Frieden

Text: Johannes Thiele
Musik: Ludger Edelkötter

2. Laßt uns neue Pläne schmieden für die große Friedenszeit.
Öffnet für den großen Wunsch eure Herzen weit.
Spiel den Frieden, nicht den Krieg, ihr sollt Freunde sein.
Und holt die, die abseits stehen in den Kreis hinein.

Kehrvers: Spiel den Frieden, ...

3. Nehmt euch an die Hände fest, ihr seid nicht allein.
   Wenn die Angst erst ist vorbei, dann wird Friede sein.
   Spiel den Frieden, nicht den Krieg, ihr sollt Freunde sein.
   Und holt die, die abseits stehen in den Kreis hinein.

Kehrvers: Spiel den Frieden, ...

aus: IMP 1015 »Bibl. Spiellieder z. MISEREOR-Hungertuch aus Haiti«

Lieder
im
Kirchenjahr

Sankt Martins-Lied

Text: Rolf Krenzer
Musik: Ludger Edelkötter

2. Martin, Martin guter Mann,
reite unserm Zug voran!
In die dunkle Nacht hinein
leuchtet der Laternenschein,
daß uns jeder sehen kann,
Martin, Martin guter Mann,
Martin, Martin guter Mann.

3. Martin, Martin guter Mann,
reite unserm Zug voran!
Hilf, daß der, der reich und satt,
mit dem teilt, der gar nichts hat,
so wie du es einst getan,
Martin, Martin guter Mann,
Martin, Martin guter Mann.

aus: IMP 1022 »Wir feiern heut' ein Fest«

Eine Kerze zünde an

Text: Jutta Richter
Musik: Ludger Edelkötter

2. Draußen tobt ein wilder Wind,
heult um unser Haus,
und der Schnee deckt alles zu.
Niemand kann heraus.
Zünd' die zweite Kerze an,
denn es ist Advent.
Auch die dunkle Winternacht
schon ihr Ende kennt.

3. Draußen ist es still und kalt.
Ein ganz weißer Stern
steht jetzt über unserm Haus,
und wir sehn ihn gern.
Zünd' die dritte Kerze an,
denn es ist Advent.
Rutsch ganz nah zu mir heran,
schau, wie hell sie brennt.

4. Draußen klirrt ein kalter Frost.
Damals in dem Stall
kam ein Gotteskind zur Welt.
Gott wohnt überall.
Zünd' die vierte Kerze an,
denn es ist Advent.
So wie dieser Kerzenschein
Gottes Liebe brennt.

aus: IMP 1036 »Weil du mich so magst«

Adventlied

Text: Rolf Krenzer
Musik: Ludger Edelkötter

2. Wir machen uns bereit,
jetzt für die Weihnachtszeit.
Als Gottes Sohn zur Welt gebracht
in einer dunklen Nacht.
Wir machen uns bereit.
Wir machen uns bereit.

3. Da kam das Licht herein,
zu uns mit seinem Schein.
Wir freu'n uns wenn die Kerze brennt
und feiern den Advent.
Wir feiern den Advent.
Wir feiern den Advent.

aus: IMP 1022 »Wir feiern heut' ein Fest«

Nikolaus-Lied

Text: Wilhelm Willms
Musik: Ludger Edelkötter

2. Nikolaus, du Freund der Armen,
laß sie nicht allein.
Hör doch ihren großen Hunger
auf zum Himmel schrei'n,
auf zum Himmel schrei'n.

3. Nikolaus, du Weitgereister,
hast du keine Ruh?
Hier bist du und da bist du –
und das wie im Nu,
und das wie im Nu.

4. Nikolaus, du Gottesfreund,
hast ein weites Herz.
stillst mit übergroßer Güte
Hunger und auch Schmerz,
Hunger und auch Schmerz.

aus: IMP 1036 »Weil du mich so magst«

Geht zu den Ställen heute Nacht

Text: Josef Reding
Musik: Ludger Edelkötter

2. Geht zu den Armen heute Nacht,
die nirgends ein Zuhause haben!
Verlaßt den Glanz, kommt aus der Pracht
und bringt den Hungernden die Gaben.

3. Geht zu dem Kinde heute Nacht,
dem weder Bett noch Tisch zu eigen.
Geht zu dem Kinde heute Nacht.
Es wird euch Gottes Antlitz zeigen.

aus: IMP 1036 »Weil du mich so magst«

Kleines Kind im Stroh

Text: Rolf Krenzer
Musik: Ludger Edelkötter

2. Schlaf, mein Krippenkind!
   Bläst auch kalt der Wind.
   Du lädst alle Menschen ein,
   willst ihr treuester Bruder sein.
   Schlaf mein Krippenkind!
   Bläst auch kalt der Wind.

3. Kamst zu uns herein,
   wirst so einsam sein,
   weil du alle Menschen liebst,
   und für sie dein Leben gibst.
   Kamst zu uns herein,
   wirst so einsam sein.

4. Kind auf meinem Schoß,
   Gott macht dich so groß.
   Du bist stärker als der Tod
   und nimmst von uns alle Not.
   Kind auf meinem Schoß,
   Gott macht dich so groß.

Schenke Freude

Ludger Edelkötter

aus: IMP 1036 »Weil du mich so magst«

Osterlied

Text: Rolf Krenzer
Musik: Ludger Edelkötter

2. An das Kreuz ward er geschlagen,
er war tot, doch nach drei Tagen
wissen wir, daß Jesus Christ
auferstanden, auferstanden,
wirklich auferstanden ist.

3. Das konnt' einem nur gelingen,
einer konnt' den Tod bezwingen.
Singt mit uns, daß Jesus Christ
auferstanden, auferstanden,
wirklich auferstanden ist.

Dein Geist weht wo er will

Text: Wolfgang Poeplau
Musik: Ludger Edelkötter

2. Dein Geist weht wo er will,
er spricht in unsre Stille,
in allen Sprachen redet er,
verkündet Gottes Wille.

3. Dein Geist weht wo er will,
er ist Antrieb für die Liebe,
die Hoffnung hat er aufgeweckt,
wo sonst nur Trauer bliebe.

4. Dein Geist weht wo er will,
er ist wie ein Erfinder,
aus Erde hat er uns gemacht,
als seines Geistes Kinder.

aus: IMP 1006 »Weitersagen«

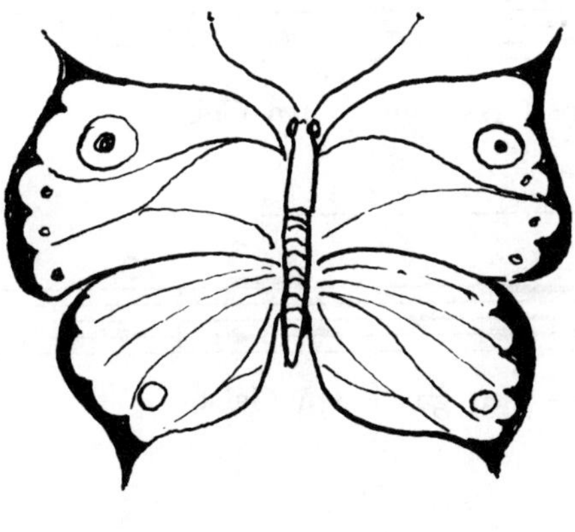

Du willst nun immer bei uns sein

Text: Leo Schuhen
Musik: trad.

Kehrvers: Du willst nun immer bei uns sein...

2. Wenn wir meinen,
daß uns Unrecht widerfahren ist,
zeig uns, wie man lieben kann!
Wenn wir Freundschaft nicht mehr spüren,
sondern Hinterlist,
zeig uns, wie man lieben kann!

Kehrvers: Du willst nun immer bei uns sein...

3. Wenn uns liebe Menschen
immer wieder Gutes tun,
zeig uns, wie man danken kann!
Wenn uns einer beisteht,
und wir wissen nicht warum,
zeig uns, wie man danken kann!

Kehrvers: Du willst nun immer bei uns sein...

4. Wenn sich öffnet unser Mund,
und unser Herz wird weit,
zeig uns, wie man beten kann!
Wenn es dunkel wird und still,
wir spüren Einsamkeit,
zeig uns, wie man beten kann!

Erntetanz

Text: Rolf Krenzer
Musik: Ludger Edelkötter

2. ...Dank für die Birnen...
3. ...Dank für die Trauben...
4. ...Dank für die Brote...
5. ...Dank für den Kuchen...
6. ...Dank für die Blumen...
7. ...Dank für die Kartoffeln...

und viele weitere Möglichkeiten

aus: IMP 1022 »Wir feiern heut' ein Fest«

Ich, die Sonnenblume

Text und Melodie: Wolfgang Longardt

gesprochen:

1. Als Korn in dunkler Erde,
so lag ich viele Wochen,
erst mußt' es wärmer werden,
dann bin ich aufgebrochen.

An's Licht wollt`ich mich strecken,
als Keim wuchs ich hinauf,
die Sonne tat mich wecken,
dann brach die Erde auf!

Ich sah die Sonne scheinen,
ich wollte größer werden,
doch brauch' ich nicht nur Sonne,
nein, Regen auch auf Erden.

Kehrvers: Ich, die Sonnenblume...

gesprochen:
2. Ein Kind am Gartenzaune
bewundert täglich mich:
„Du wächst so schnell, ich staune,
bist schon so groß wie ich!"

Als trock'ne Tage kamen,
da goß es freundlich mich.
„Der Sturm bringt dir Gefahren"
sagt es, „ich stütze dich."

Ein dicker Stab im Garten
gab Halt mir, ich war froh.
„Ihr Bienen sollt nicht warten,
seht, schmeckt, ich blühe so!"

Kehrvers: Ich, die Sonnenblume...

gesprochen:
3. Doch kommt der Herbst in's Land nun,
da werd' ich alt und krumm,
manch' hungrig kleiner Vogel
fliegt her und um mich 'rum.

Pickt Samen aus der Blüte,
auch Öl preßt man aus mir,
ich bin zu manchem nutze,
erfreue Mensch und Tier!

Kehrvers: Ich, die Sonnenblume...

gesprochen:
4. Und neue Blumen werden
aus meinen Kernen dann,
weil Gott es will auf Erden,
fängt neu ein Sommer an.

Nützlich war ich für vieles,
ich sterb' nun langsam still,
ich brachte vielen Freude,
mein Leben ist am Ziel.

Kehrvers: Ich, die Sonnenblume...

aus: »Anvertrautes entdecken«
Christophorus Verlag, Freiburg/Verlag Ernst Kaufmann, Lahr

Alphabetisches Liederverzeichnis / Quellenverzeichnis Tonträger

Religiöse Kinderlieder

Kinderlieder - Krippenspiele IMP 1027
Biblische Spiellieder zum äthiopischen Misereor-Hungertuch IMP 1009
Biblische Spiellieder zum Misereor-Hungertuch aus Haiti IMP 1015
Halte zu mir guter Gott IMP 1021
Wir feiern heut' ein Fest IMP 1022 (Lieder zum Kirchenjahr)
Weil Du mich so magst IMP 1036 (Religionsunterricht/Katechese im Spiegel religiöser Kinderlieder)
Freude bricht auf IMP 1013 (Ein Familiengottesdienst)

Bärenstarke Spiellieder-Reihe

Ich gebe Dir die Hände IMP 1017
Hallo Du im Nachbarhaus IMP 1018
Hast Du etwas Zeit für mich? IMP 1024
Mit Kindern unsere Umwelt schützen IMP 1030
Vorhang auf zur Zahlenwahl IMP 1032
Du, ich geh einfach auf Dich zu IMP 1035

Moderne Kinderlieder

Guten Tag Lieder IMP 1005
Das gibt's bei uns zu Hause nicht IMP 1013
Knallbonbon IMP 1031 (fröhliche Instrumentalmusik für alle Kinderfeste)

Meditationsmusik

Leben IMP 1023
Komm mit zur Quelle IMP 1037 (musikalische Meditationen für Kinder)

Weihnachtslieder

Uns ist ein Licht aufgegangen IMP 1014

Neues geistliches Lied

Weißt Du wo der Himmel ist IMP 1003
Weitersagen IMP 1006
Alle Knospen springen auf IMP 1007
Ein Hirt kam auf die Erde IMP 1026
Worauf es ankommt, wenn er kommt IMP 1011
Eine Brücke laßt uns bauen IMP 1012
Geh mit uns IMP 1019

Religiöse Musicals

Ein Mann aus Assisi IMP 1004
Don Bosco „Ich schenke euch mein ganzes Leben" IMP 1028
Mensch gegen Mensch - ein Kreuzverhör IMP 1034

Zeitkritische Lieder

Mach aus Fremden Freunde IMP 1010
Ich hasse den Krieg IMP 1016
Herr, gib uns Deinen Frieden IMP 1020

Bestellungen:

Jede gute Buchhandlung
oder direkt bei:

Impulse-Musikverlag
Ludger Edelkötter
Natorp 2, 4406 Drensteinfurt
Tel. 0 25 08 - 6 73